CONGRÈS DE LA PROPRIÉTÉ BATIE DE FRANCE

LYON 1894

SECTION V

PROCÉDURE DE SAISIE-GAGERIE
RÉFÉRÉ EN MATIÈRE D'EXPULSION
CONGÉ ET EXPULSION
EXTENSION DE LA COMPÉTENCE DU JUGE DE PAIX
RÉDUCTION DES FRAIS

RAPPORT

PAR

M. R. DARGENT

Docteur en Droit,
Avocat à la Cour d'appel de Paris.

LYON
IMPRIMERIE DU SALUT PUBLIC
71, Rue Molière, 71

—

1894

PROCÉDURE DE SAISIE-GAGERIE
RÉFÉRÉ EN MATIÈRE D'EXPULSION
CONGÉ ET EXPULSION
EXTENSION DE LA COMPÉTENCE DU JUGE DE PAIX
RÉDUCTION DES FRAIS

MESSIEURS,

C'est assurément une tâche fort délicate, pour le législateur, de déterminer quels seront, dans certaines circonstances, les droits des parties en cause; mais il est peut-être plus difficile encore, lorsque des droits ont été proclamés, de leur assurer une sanction efficace, de trouver un moyen pratique de les mettre en œuvre.

Les questions si importantes qui font aujourd'hui l'objet de nos travaux nous en fournissent une preuve. Malgré le soin qu'a pris le législateur d'accroître, par des dispositions de faveur, les ressources que la procédure de droit commun leur offrait, pour résoudre les difficultés qui peuvent s'élever à propos de la propriété bâtie et du contrat de louage appliqué aux immeubles, il n'est pas rare que propriétaires et locataires ne se trouvent encore en présence de situations en fait insolubles ; ne fût-ce que par suite des lenteurs et des frais de certaines procédures, qui ne sont pas en rapport avec l'intérêt des litiges.

Cette partie de notre législation appelle donc de sérieuses réformes. Vous savez, Messieurs, que la question est à l'ordre du jour et que le législateur est saisi notamment de projets de révision du Code de procédure civile et de la loi sur la compétence des juges de paix. Vos délibérations n'en auront que plus d'intérêt : elles doivent contribuer à fixer le sens et la portée des réformes à venir.

Votre rapporteur n'a d'autre ambition que d'en préparer les éléments, en rappelant, aussi brièvement que possible, ce qui a été fait et ce qu'on propose de faire, sur chacun des points que comprend l'énoncé de cette question.

PROCÉDURE DE SAISIE-GAGERIE

La saisie-gagerie est une mesure de précaution, par laquelle le bailleur assure la réalisation de son gage et l'exercice de son privilège sur les meubles garnissant les lieux loués, en les plaçant sous la main de la justice.

Lorsqu'un locataire n'a pas payé ses loyers échus, deux hypothèses peuvent se présenter : ou bien le propriétaire est armé d'un titre exécutoire, tel qu'un bail authentique ou un jugement, et alors il peut pratiquer sur les meubles garnissants une *saisie-exécution,* qui sera suivie de vente ; ou bien, le bail étant sous seing-privé ou simplement verbal, il n'a pas de titre paré, et alors il faut, avant d'*exécuter* son locataire, qu'il commence par s'en procurer un, et, pour cela, qu'il introduise une instance et prenne un jugement. Mais il est à craindre que, durant les débats, le locataire ne rende illusoires les garanties du bailleur, en faisant disparaitre tout ou partie de son mobilier. La saisie-gagerie lui permettra de parer à ce danger.

L'objet même de cette procédure indique donc qu'elle doit être avant tout simple et rapide. Celle qu'organisent les articles 819, 820 et 821 du Code de procédure civile remplit assez bien ces deux conditions pour que la pratique n'ait guère soulevé contre elle que des critiques de détail, Il n'en est pas moins important de les signaler, au moment où les travaux entrepris pour réviser le Code de procédure semblent devoir leur assurer une certaine efficacité. Hâtons-nous d'ajouter que plusieurs d'entre elles ont déjà inspiré d'heureuses modifications à nos articles, dans le projet déposé au nom du Gouvernement par M. le Garde des sceaux Dubost.

Aux termes de l'article 819 du Code de procédure civile, soit qu'il y ait un bail, soit qu'il n'y en ait pas, et l'on sait que, par le mot bail, le législateur désigne ici l'écrit constatant le contrat de louage, la saisie-gagerie peut être pratiquée, à la requête des propriétaires et principaux locataires, sur les effets garnissant la maison louée ou la ferme, sans permission du juge, « *un jour après le commandement* » signifié au locataire ou fermier.

Le mot *commandement*, dont se sert notre article, a choqué avec raison plusieurs jurisconsultes, notamment M. Colmet-Daage (Leçons de Pr. civ. t. II. p. 597, n° 1,081).

Le commandement ne peut être fait qu'en vertu d'un titre exécutoire ; or, l'emploi de la saisie-gagerie supposant précisément que le saisissant est dépourvu d'un semblable titre, il ne peut être question en notre matière que d'une *sommation*. La substitution de cette dernière expression au mot commandement, dans le texte du nouvel article, ferait disparaître les difficultés auxquelles cette fausse terminologie a parfois donné lieu dans la pratique.

Mais il est des cas où l'on pourrait craindre que le locataire, mis en éveil par la sommation, ne profitât du délai de vingt-quatre heures, qui doit forcément la séparer de la saisie, pour soustraire son mobilier aux poursuites du bailleur ; aussi le paragraphe 2 de notre article autorise-t-il celui-ci à faire saisir-gager à l'instant, sans sommation préalable, avec l'autorisation du président du tribunal, obtenue sur une simple requête.

Depuis la loi du 25 mai 1838 (article 10), la même autorisation peut être obtenue du juge de paix, lorsque la cause rentre dans les limites de sa compétence. Le projet de révision complète sur ce point le deuxième paragraphe de notre article, qui se trouve rédigé ainsi qu'il suit:

« Ils peuvent même faire saisir-gager à l'instant, en vertu de la per-
« mission qu'ils en auront obtenue sur requête, soit du président du
« tribunal, soit du juge de paix, suivant leur compétence respective
« déterminée par l'importance des causes de la saisie. »

Il subsiste cependant encore un doute, sur le point de savoir s'il faut s'attacher à la compétence générale du juge de paix, déterminée par l'article premier de la loi de 1838, ou à la compétence spéciale que l'article 3 de cette loi lui attribue en matière de louage de choses ; nous reviendrons sur ce point en parlant de la compétence du juge de paix.

Une question importante est celle de savoir s'il faut attendre l'échéance des loyers et fermages pour pratiquer la saisie-gagerie. Pris à la lettre, l'article 819 autoriserait cette solution rigoureuse : il y est dit, en effet, que la saisie-gagerie pourra être pratiquée « pour loyers et fermages échus » ; et ce système a été consacré par quelques décisions judiciaires, notamment par un arrêt de la Cour d'appel de Bourges, du 16 décembre 1837 (D. A. V° Saisie-gagerie n° 48) ; il est encore professé par de bons auteurs, tels que MM. Boitard et Colmet-Daage (*Leçons de Procédure*, t. II. p. 578, n° 1082).

On voit le danger : le locataire résolu à ne pas payer son loyer pourra, la veille de l'échéance, enlever son mobilier, sans que le propriétaire ait le droit de s'y opposer ; il ne restera à celui-ci que la ressource d'une saisie-revendication, s'il parvient à découvrir, après l'échéance, le receleur des objets détournés.

Une jurisprudence plus nombreuse et plus récente, représentée par un arrêt de la Cour d'Appel de Nancy, du 5 décembre 1887 (D. P. 1838, 2, 217), par un arrêt de rejet de la cour de Cassation, du 16 mai 1849 (D. P. 47, 1, 130) un arrêt de la cour de Douai du 20 avril 1884 (D. P. 84, 2, 176.), etc., a reculé devant cette conséquence.

Elle considère, avec raison selon nous, que la fraude du locataire qui détourne son mobilier et diminue ainsi les sûretés de son bailleur doit, conformément aux dispositions de l'article 1188 du code civil, lui faire perdre le bénéfice du terme dont il jouissait jusqu'à l'échance; que l'article 819 du Code de procédure civile, ayant pour objet d'assurer l'efficacité du privilège créé par l'article 2102 du code civil, devait s'appliquer aussi bien aux loyers à échoir qu'aux loyers échus; que tout ce qu'avait voulu le législateur, en se servant des termes restrictifs que nous avons signalés, c'était s'opposer à ce qu'un propriétaire pratiquât la saisie-gagerie dès l'entrée en jouissance de son locataire, avant qu'aucun loyer ne lui fût même dû; mais qu'il ne s'opposait en aucune façon à ce que la saisie-gagerie fût pratiquée pour sûreté de loyers, qui, bien que non encore exigibles, n'en étaient pas moins dûs au propriétaire, au fur et à mesure de la jouissance s'il s'agissait de sommes d'argent, à dater de leur perception par le fermier s'il s'agisait de fruits naturels, conformément aux articles 585 et 586 du Code civil.

Quoi qu'il en soit, il serait utile que le nouveau Code mit fin à la controverse, en se servant d'expressions qui ne laissent place à aucun doute. Le projet du gouvernement nous paraît avoir très heureusement résolu le problème, en remplaçant tout simplement, dans notre article, les mots loyers et fermages *échus* par loyers et fermages *dus*.

Le dernier paragraphe de l'article 817 consacre le droit pour le bailleur, lorsque les meubles garnissant les lieux loués ont été déplacés sans son consentement, de les *revendiquer* entre les mains des tiers détenteurs. Il s'est élevée une controverse sur le point de savoir si cette mesure devait être considérée comme une saisie-gagerie, régie par les articles 819 et suivants, ou comme une saisie-revendication proprement dite, ressortissant des articles 826 et s. du Code de procédure. La solution de cette question n'est pas sans importance, car la législation actuelle, qui permet au juge de paix, dans les limites de sa compétence, d'autoriser et de valider la saisie-gagerie, ne lui reconnaît aucun pouvoir en ce qui concerne la saisie-revendication.

Un arrêt de la cour de Bordeaux du 18 août 1851 (V. D. A. Compétence du tribunal de police n° 41) déclarait le juge de paix incompétent; la doctrine était généralement pour l'opinion contraire. Il y a lieu d'espérer que la controverse touche à son terme; car, d'une part, le projet de loi sur les Justices de paix, adopté par la commission, étend leur compétence à l'hypothèse de la saisie-revendication, et, d'autre part, dans le projet de réforme du Code de procédure, le paragraphe qui nous occupe se trouve transporté au chapitre de la saisie-revendication.

L'article 820, relatif aux droits du bailleur sur les effets et mobiliers des sous-fermiers et sous-locataires, ne donne lieu à aucune remarque.

L'article 821, reproduit comme le précédent dans le projet du Gouvernement, renvoie, pour tout ce qui concerne les formes à suivre dans la saisie-gagerie, aux chapitres de la saisie-exécution ou de la saisie-brandon, suivant qu'il s'agit de meubles garnissant les lieux loués ou de fruits pendants par branches ou par racines.

Pourquoi, dès lors, y faire figurer cette phrase : « Le saisi pourra être constitué gardien », qui se retrouve presque textuellement dans l'article 528 en matière de saisie-exécution ? L'ingéniosité des commentateurs s'est exercée à lui trouver un sens, ils n'ont pu en donner aucune explication satisfaisante; peut-être ferait-on bien de la supprimer dans le nouveau texte.

C'est aussi au chapitre de la saisie-exécution qu'il faut chercher la nomenclature des objets qui peuvent ou ne peuvent pas être saisis : signalons sur ce point une innovation importante que consacre le projet du Gouvernement. Le Code de procédure ne fournit aucune mention des valeurs mobilières incorporelles, billets de banque, effets de commerce, titres des sociétés, nominatifs ou au porteur, titres de créances, qui n'avaient pas à l'époque de sa rédaction l'importance qu'elles ont acquise depuis. Le projet les déclare saisissables et détermine les formalités et précautions qui devront être observées par l'huissier à raison de la nature particulière de ces meubles. Elles se résument en quelques mots : la saisie ne s'appliquera qu'aux valeurs apparentes ; l'huissier ne pourra porter ses investigations, par exemple, dans la correspondance pour y découvrir des éléments de créances ; les valeurs saisies seront immédiatement placées sous scellés et remises soit à un dépositaire désigné d'accord par les parties, soit à la Caisse des Dépôts et Consignations ; l'huissier pourra encaisser sur sa décharge les valeurs à échéance, à charge d'en remettre le montant au même dépositaire. Sans doute, cette innovation, si elle est admise, s'appliquera de plein droit en matière de saisie-gagerie; peut-être ne serait-il cependant pas inutile, à raison de son importance, de le mentionner expressément.

On a jugé à propos, dans le projet du Gouvernement, de transporter le chapitre de la saisie-gagerie qui, dans le Code actuel, figure dans la deuxième partie, au titre Ier, sous la rubrique *Procédures diverses*, au titre V qui traite de l'exécution des jugements, à la suite des titres de la saisie-exécution et de la saisie-brandon.

Nous ne verrions, pour notre part, aucun inconvénient à ce que notre matière se trouvât rapprochée de deux procédures dont elle doit emprunter les formes ; mais nous ne pouvons nous empêcher de protester contre l'intention que l'on a de la dénaturer, en en faisant, dans certains cas, une mesure d'exécution, tandis que, dans d'autres, elle demeurerait une simple mesure de précaution.

La saisie-gagerie continuerait, conformément à l'article 824 actuel, à ne pouvoir être suivie de vente qu'après avoir été validée par un jugement, lorsqu'elle aurait été pratiquée sans titre exécutoire ; mais le propriétaire muni d'un titre pourrait pratiquer une saisie-gagerie qui, n'aurait plus besoin d'être validée par un jugement et pourrait être suivie, comme la saisie-exécution, de la vente des objets saisis.

Nous ne voyons pas bien l'intérêt que le bailleur muni d'un titre exécutoire pourrait avoir à recourir à cette procédure bâtarde, plutôt que de pratiquer purement et simplement une saisie-exécution ? Dira-t-on qu'il peut craindre que, dans l'intervalle entre le commandement et la saisie, le locataire ne détourne son mobilier ? — Mais pourquoi n'autoriserait-on pas la saisie-exécution sans commandement préalable, sur une ordonnance du Président du Tribunal ou du juge de paix, comme pour la saisie-gagerie ?

C'est, au reste, ce que fait l'article 1er du titre *Des saisies-exécutions* du nouveau projet ; mais il ne parle que de l'autorisation du Président du Tribunal civil ; si l'on y ajoutait quelques mots permettant de saisir-exécuter avec l'autorisation du juge de paix dans les limites de sa compétence, il satisferait à tous nos *desiderata* et l'on éviterait de compliquer notre matière en créant cette saisie-gagerie aboutissant à une exécution, qui non seulement est une anomalie juridique, mais qui de plus ferait double emploi avec la saisie-exécution proprement dite.

*
* *

Pour résumer en quelques lignes les observations que nous a suggérées ce chapitre de la saisie-gagerie, il y aurait lieu, dans la réforme projetée du Code de procédure civile :

De substituer au § 1er de l'article 819 le mot *sommation* au mot *commandement* et les mots *loyers et fermages dus*, aux mots *loyers et fermages échus ;*

Il y aurait lieu d'ajouter, dans le § 2 du même article, aux mots *« du Président du Tribunal de première instance*, ceux de « *et du juge de paix dans les limites de sa compétence* » ;

De renvoyer le § 3 au titre de la saisie-revendication, en attribuant compétence au juge de paix pour autoriser cette dernière et se prononcer sur sa validité ;

De supprimer dans l'article 821 le membre de phrase inutile : « le saisi pourra être constitué gardien » ;

De comprendre les valeurs mobilières parmi les meubles pouvant faire l'objet tant d'une saisie-gagerie que d'une saisie-exécution.

Enfin, nous verrions avec satisfaction disparaître du projet cette saisie-gagerie pratiquée en vertu d'un titre exécutoire et qui aboutit, sans jugement, à une exécution, et autoriser la saisie-exécution, sans commandement préalable, sur une ordonnance du Président du Tribunal civil ou du juge de paix dans les limites de sa compétence.

Ces propositions n'affectent pas tellement l'économie de notre titre, qu'elles ne puissent aboutir sans difficulté.

CONGÉS

Il est question dans le Code civil de deux sortes de *congés*.

Le congé dont parle l'article 1736, qui est le congé ordinaire, correspond au bail verbal, ou, en d'autres termes, au bail dont aucun écrit ne fixe d'avance la durée ; c'est un avertissement qui, donné par l'une des deux parties à l'autre dans les délais voulus, a pour effet de faire cesser le bail.

Le congé dont parle l'article 1739, qu'on appelle quelquefois avertissement-congé, est une notification faite à l'expiration d'un bail écrit, afin d'éviter que le locataire, en prolongeant son séjour dans les locaux loués, ne donne lieu au renouvellement du bail par tacite reconduction. C'est du premier surtout que nous aurons à nous occuper.

Il doit être donné, soit par le propriétaire, soit par le locataire, qui veut faire cesser le bail. Quant au délai entre ce congé et le terme auquel on veut faire cesser le bail, il est, dit l'article 1734, déterminé par l'usage des lieux. Il ne nous appartient pas d'entrer ici dans les détails que comporterait l'étude de ces divers délais d'après l'importance des loyers et les usages des différents pays.

Les rédacteurs du Code civil, bien que la proposition leur en ait été faite, n'ont pas cru devoir les remplacer par une règle uniforme. Nous ne pensons pas qu'il y ait plus d'avantages à le faire aujourd'hui ; en tous cas, cette réforme jetterait une grande perturbation dans la matière et nous ne voyons pas quels inconvénients elle supprimerait.

La loi n'impose aucune forme pour les congés ; la preuve devrait donc en être fournie conformément aux principes du droit commun ; notamment la preuve testimoniale n'en serait pas admise, en dehors des cas prévus par les articles 1341, 1346 et 1347 du Code civil. De là quelques difficultés. On s'est demandé si, lorsque le congé est donné par acte sous seing privé, la formalité du double original n'est pas obligatoire en vertu de l'article 1325 du Code civil. Nous pencherions pour la négative avec MM. Troplong et Curasson (nº 425), la formalité du double original n'étant exigée que pour les contrats synallagmatiques et le congé étant unilatéral. On s'est demandé également si, à défaut d'une signification par exploit d'huissier, il était nécessaire de produire une acceptation de la partie adverse, ou au moins un accusé de réception de la lettre contenant l'avis du congé.

Toutes ces incertitudes sont la cause de nombreux procès. Lorsqu'on veut être très prudent, on recourt à la signification du congé par un huissier, mais les frais qu'elle occasionne ne sont pas toujours en rapport avec l'importance des loyers et la fortune de ceux qui donnent congé. Ce serait certainement faire une innovation utile que de leur fournir un moyen pratique et peu coûteux de faire constater à la fois la remise du congé et la date de cette remise. Ne pourrait-on pas, par exemple, attribuer au congé notifié par lettre recommandée les mêmes effets qu'au congé signifié ?

L'article 105 du Code de commerce, modifié par la loi du 11 avril 1888, assimile la déclaration par lettre recommandée à celle qui serait adressée par exploit d'huissier aux entrepreneurs de transports pour perte ou avarie des marchandises qui leur ont été confiées, et cette simplification ne passe pas pour avoir donné de mauvais résultats.

Les difficultés juridiques auxquelles peut donner lieu la validité du congé doivent être portées devant les tribunaux; depuis les lois de 1838 et 1855, le juge de paix est compétent pour en connaître, lorsque le loyer annuel ne dépasse pas 500 francs.

Nous verrons, ailleurs, qu'il est question actuellement d'augmenter sa compétence sur ce point.

EXPULSION

Lorsque le bail a pris fin, soit par l'expiration du temps pour lequel il avait été conclu, soit par suite d'un congé régulier si la durée n'en avait pas été fixée, soit par l'accomplissement d'une condition résolutoire contenue dans l'acte, soit par l'accomplissement de la condition résolutoire tacite prévue par les articles 1184 et 1729 du Code civil; si le locataire refuse de quitter les lieux loués, il y a lieu de procéder à son expulsion. On expulserait de même celui auquel le preneur aurait sous-loué, malgré l'interdiction contenue dans son titre.

L'expulsion étant une mesure d'exécution, ne peut en principe être pratiquée qu'en vertu d'un titre exécutoire, bail ou congé authentiques, par exemple, ou d'un jugement.

S'il existe des contestations en ce qui concerne la résiliation du bail, par exemple, ou la validité du congé; elles doivent être portées devant les tribunaux : l'art. 1184 dit expressément que notamment la résolution du contrat, pour défaut d'exécution, n'a pas lieu de plein droit, mais doit être prononcée par la justice qui peut accorder un délai.

Rappelons en passant que, depuis les lois de 1838 et 1855, le juge de paix connaît en dernier ressort jusqu'à 100 francs, et, à charge d'appel, quelle que soit la valeur du litige, des demandes en congés, en résiliations de baux fondées sur le défaut de paiement des loyers, et en expulsions de lieux; lorsque le loyer annuel ne dépasse pas 400 francs, l'huissier, muni du titre authentique ou de la grosse du jugement, se présente chez le locataire pour procéder à l'expulsion : il se peut que l'occupant soulève une difficulté relative à l'exécution du jugement ou du titre ; cependant il est urgent de faire évacuer les lieux, ils ont peut-être été reloués et le nouveau locataire, s'il ne peut entrer en jouissance immédiatement, subira un préjudice considérable. Faudra-t-il attendre que la difficulté ait été tranchée par le Tribunal à la suite d'un nouveau procès ? Ou bien, l'officier ministériel pourra-t-il passer outre à l'exécution ? — Non, mais il assignera, séance tenante et sur son procès-verbal, le locataire récalcitrant à comparaître devant le Président du tribunal civil, qui statuera *provisoirement en référé* sur la difficulté soulevée; sans doute, sa décision ne sera pas définitive, appel pourra en être interjeté ; le Tribunal devant lequel l'affaire reviendra au principal pourra en décider autrement ; mais elle sera exécutoire par provision et le récalcitrant ne pourra pas en paralyser les effets et gagner du temps au moyen d'un défaut, suivi d'une opposition, qui ne serait pas admise.

De plus, il y aura des chances sérieuses pour que la décision à intervenir au principal soit conforme à celle du juge des référés ; elle aura ainsi été, en quelque sorte, exécutée d'avance et l'on aura peut-être évité un grave préjudice.

Ajoutons que, le plus souvent, en pratique, les parties s'en tiendront à la décision du Président, ne porteront pas l'affaire au principal, et qu'elles bénéficieront ainsi des avantages d'une juridiction rapide, dont les frais seront presque insignifiants.

Ces avantages incontestables et l'élasticité des termes de l'art. 806 du Code de procédure, qui pose le principe de la juridiction à laquelle nous venons de faire allusion, ont conduit la jurisprudence et quelques auteurs à l'étendre à une foule d'autres hypothèses.

Notre article est ainsi conçu :

« Dans tous les cas d'urgence, ou lorsqu'il s'agira de statuer provisoi-
« rement sur les difficultés relatives à l'exécution d'un titre exécutoire ou
« d'un jugement, il sera procédé ainsi qu'il va être réglé ci-après. »

M. de Belleyme, à qui sa longue pratique des référés, en qualité de Président du tribunal civil de la Seine, donne une autorité toute spéciale en cette matière, commence par conclure, de l'opposition manifeste qui existe entre les deux premières propositions de ce texte, que le président des référés est compétent, *même en dehors des cas d'urgence*, lorsqu'il s'agit de statuer sur les difficultés relatives à l'exécution des actes authentiques et des jugements.

La plupart des auteurs refusent de le suivre dans cette voie ; ils considèrent que le référé n'a de raison d'être qu'autant qu'on se trouve dans la nécessité de prendre immédiatement une mesure conservatoire, de prévenir un préjudice qui ne pourrait pas être réparé (Chauveau, t. VI, p. 270). La jurisprudence est pour la première opinion.

La compétence du juge des référés est encore étendue à un autre point de vue.

On admet généralement que, dans les cas d'urgence, il peut connaître de l'exécution de simples titres sous-seing privés, qu'on assimile aux actes authentiques, pourvu qu'ils soient enregistrés et non contestés. On tire argument, en ce sens, des art. 135 du Code de procédure et 1322 du Code civil. Le système est tout au moins audacieux, car l'art. 135 statue non en matière de référé, mais en matière de jugements, et, si l'art. 1322 assimile le titre sous-seing privé reconnu ou légalement tenu pour reconnu à l'acte authentique, c'est uniquement au point de vue de sa force probante.

M. de Belleyme va cependant plus loin encore dans cette voie et décide que le juge des référés serait compétent même si le titre était contesté, pourvu qu'il y ait urgence.

Il se fonde sur les premiers mots de l'article 806 du Code de procédure : « lorsqu'il y a urgence, ou que..., etc. »

Il l'autorise, par la même raison, à trancher provisoirement la question de résiliation du bail, permettant l'expulsion du locataire, faute d'avoir payé les loyers ou garni les lieux loués, en vertu de l'article 1752 du Code civil. La compétence du président, en matière d'expulsion, n'aurait, d'après lui, été contestée que trois fois à Paris, dans l'espace de vingt-quatre ans, et chaque fois elle aurait été reconnue par la Cour.

Le même auteur approuve les présidents qui n'hésitent pas à accorder des délais au locataire, même lorsqu'on tente l'expulsion en vertu d'un acte authentique ou d'un jugement.

Nous n'avons pas craint d'insister sur cette matière un peu abstraite, afin de caractériser, autant que nous le permettaient les limites de ce rapport, la tendance de la jurisprudence vers une extension presque sans bornes de la compétence du juge des référés. Cette extension a fait l'objet de nombreuses critiques. Il n'est sans doute pas sans danger de faire dépendre des intérêts parfois considérables de la décision, le plus souvent très hâtive, d'un juge unique ; nous l'avons dit, les ordonnances de référé sont exécutoires par provision et ne sont pas susceptibles d'opposition ; les mesures qu'elles autorisent seront peut-être irréparables ; et puis, ne peut-on pas dire que, souvent, la décision du président en référé aura une certaine influence sur celle que le tribunal devra prendre au principal ? Toutefois ces inconvénients paraissent plus que compensés par la grande utilité pratique de cette juridiction économique et rapide. Il suffit, pour s'en rendre compte, d'assister quelquefois aux audiences des référés sur procès-verbaux d'huissier, que le président du tribunal de la Seine tient trois fois par semaine, et d'y voir défiler par centaines les malheureux locataires pour lesquels le juge obtient, plus qu'il ne les impose, quelques jours de répit ; souvent ils parviennent à se libérer et la solution satisfait à la fois les deux parties.

*
* *

Si nous avions un vœu à formuler en cette matière, ce serait moins de voir restreindre l'étendue de cette juridiction, que d'en voir préciser par un texte un peu moins vague, que l'article 806, les cas d'application et la portée, en tenant compte, dans une large mesure, des indications de la jurisprudence.

Nous voudrions aussi que les avantages qu'elle peut procurer ne fussent plus exclusivement réservés aux habitants des villes pourvues d'un tribunal de première instance ; et, puisqu'il est question d'étendre la compétence des juges de paix, qu'ils pussent connaître en référé des principales difficultés soumises aujourd'hui au président du tribunal, lorsqu'elles n'excéderaient pas le taux de leur compétence. Nous reviendrons, du reste, sur cette réforme, qui fait l'objet d'un article du projet de loi sur les justices de paix, préparé par le Gouvernement.

EXTENSION DE LA COMPÉTENCE DES JUGES DE PAIX RÉDUCTION DES FRAIS

Parmi les projets de réforme de nos lois sur la procédure, celui qui paraît avoir le plus préoccupé le législateur, au moins si l'on en juge par l'importance des travaux dont il a été l'objet, c'est celui qui concerne la compétence des juges de paix.

Dès 1865, une commission extra-parlementaire était chargée de l'étude des modifications à introduire dans cette partie de notre législation. A partir de cette date, nous voyons se succéder, sur cette matière, une série de propositions d'origine parlementaire ou de projets élaborés par le Gouvernement : propositions Floquet et Parent en 1877 et 1878; projets Cazot en 1881, Martin Feuillée en 1883, Brisson en 1885; en 1891, le projet Labussière obtient même les honneurs d'une première discussion à la Chambre des Députés. Dans la législature actuelle, nous sommes en présence : 1° d'un projet de loi *sur les justices de paix*, déposé au nom du Gouvernement par M. Antonin Dubost; 2° d'une proposition de loi de M. Million, portant le même titre; 3° de la partie de proposition Dupuy-Dutemps de réforme du Code de procédure, qui est relative aux justices de paix. Ces documents ont été soumis à l'examen d'une commission ; il en est résulté une quatrième rédaction, celle de la commission dont M. Vallé, député, est rapporteur.

Un grand nombre des réformes projetées intéressent la propriété bâtie; quelques-unes, qui n'ont pas été prévues dans les projets, pourraient peut-être y figurer utilement. Avant de les examiner en détail, il est nécessaire de rappeler quel est l'état actuel de notre législation, au moins sur les points qui se rattachent aux travaux de notre Congrès.

Cette matière est régie par la loi du 25 mai 1838, dont quelques dispositions ont été modifiées en 1854 et 1855.

On sait que nos juges de paix n'ont pas, comme les tribunaux de droit commun, une compétence absolue, s'étendant à toutes les matières, sauf celles qui leur auraient été retirées; leur compétence est, au contraire, spéciale et n'embrasse que les cas qui leur ont été formellement attribués.

L'article 1er de la loi de 1838 attribue aux juges de paix une compétence générale pour les actions personnelles et mobilières, en dernier ressort, jusqu'à la valeur de cent francs, et, à charge d'appel, jusqu'à celle de deux cents francs. Il pourrait évidemment être invoqué dans les matières spéciales dont nous nous occupons.

Mais cette compétence reçoit une extension importante pour un certain nombre des difficultés auxquelles peut donner lieu le contrat de louage de choses.

Aux termes de l'article 3, les juges de paix connaissent, en dernier ressort, jusqu'à la valeur de cent francs, et, à charge d'appel, à quelque valeur que la demande s'élève : 1° des actions en paiement de loyers ou fermages ; 2° des demandes en validité ou en nullité de congés ; 3° des demandes en résiliation de baux, mais, pour ces dernières, seulement lorsqu'elles sont fondées sur le non-paiement des loyers ou fermages ; 4° des expulsions de lieux ; 5° des demandes en validité de saisies-gageries, le tout lorsque les locations verbales ou par écrit n'excèdent pas annuellement quatre cents francs.

Aux termes de l'article 4, ils connaissent sans appel jusqu'à la valeur de cent francs, et, à charge d'appel, jusqu'à celle de quinze cents francs : 1° des indemnités réclamées par le preneur pour défaut de jouissance provenant du fait du bailleur, lorsque le droit à une indemnité n'est pas contesté ; 2° des demandes formées par le propriétaire contre le locataire, pour les dégradations et pertes survenues pendant sa jouissance et dont il est tenu, à moins qu'il ne prouve qu'elles ont eu lieu sans sa faute (article 1732 du Code civil), et pour celles qui auraient été causées par le fait des personnes de la maison du locataire ou de ses sous-locataires (article 1735). Il est à remarquer, toutefois, que cette extension de compétence n'a pas lieu lorsque les pertes ont été causées par incendie ou inondation, auquel cas il n'en connaît que dans les limites posées par l'article 1er.

Le juge de paix connaît encore, sans appel, jusqu'à la valeur de cent francs, et, à charge d'appel, quel que soit le chiffre de la demande, aux termes de l'article 5, 2°, « des réparations locatives des maisons ou des fermes, mises par la loi, on pourrait ajouter ou par l'usage, à la charge du locataire » ; c'est-à-dire des petites réparations, comme celles dont l'article 1754 du Code civil donne l'énumération.

Aux termes de l'article 10, dans les cas où la saisie-gagerie ne peut avoir lieu qu'en vertu de permission de justice, c'est-à-dire lorsqu'il est nécessaire de la pratiquer sans commandement préalable, cette permission est accordée par le juge de paix du lieu où la saisie devra être faite, toutes les fois que les causes resteront dans sa compétence.

Signalons enfin, comme se rapportant à notre matière, la compétence illimitée, mais en premier ressort seulement, que l'article 6, 3°, donne aux juges de paix sur les actions relatives aux constructions et travaux entrepris dans le voisinage d'un mur mitoyen ou contre ce mur, lorsque la propriété ni la mitoyenneté ne sont contestées.

Tous les projets de réforme, auxquels nous avons fait allusion, ont pour objet principal l'extension de la compétence des juges de paix.

Le projet de la commission est d'accord avec celui du gouvernement, pour porter de cent et deux cents francs à trois cents et quinze cents francs la limite de leur compétence générale en dernier et en premier ressort, fixée par la loi de 1838.

Ils invoquent divers motifs en faveur de cette extension. D'abord, disent-ils, par suite de la dépréciation de la monnaie, les limites fixées en 1838 ne correspondent plus aujourd'hui à ce qu'elles étaient alors, il est nécessaire de les y ramener.

Puis il faut s'efforcer de rapprocher la justice du justiciable, en attribuant le plus d'affaires possible au juge du chef-lieu de canton, ce qui dispensera les parties de se transporter au chef-lieu d'arrondissement.

En attribuant aux juges de paix un grand nombre des affaires qui sont aujourd'hui de la compétence des tribunaux d'arrondissement, on déchargera d'autant le rôle de ces derniers, qui est parfois si encombré, au moins dans les grandes villes ; on soumettra ces procès à une procédure plus simple et, partant, plus rapide et moins coûteuse.

Cette extension de compétence devant coïncider avec une nouvelle organisation du personnel des justices de paix, dans laquelle on imposera des conditions d'admission plus sévères en échange d'une élévation de traitement, la bonne administration de la justice n'aurait, ajoute-t-on, pas à en souffrir.

Sur le premier point, on est généralement d'accord et tout le monde convient que l'argent ayant diminué depuis 1838 d'environ la moitié de sa valeur, il sera utile de doubler les chiffres qui limitent la compétence générale des juges de paix en premier et en dernier ressort.

Mais, lorsqu'il s'agit de dépasser ces chiffres doublés, les réformateurs rencontrent une vive opposition.

D'abord on se demande si, même après les réformes projetées, le personnel des justices de paix sera à la hauteur de sa mission ; s'il sera prudent de confier des intérêts parfois considérables à un juge unique, dont les connaissances juridiques seront parfois très sommaires, qui n'aura, pour l'aider dans sa tâche, ni l'avis d'assesseurs, ni les conclusions d'un ministère public, ni des écritures, le plus souvent pas même une bibliothèque. Les juges de paix sont déjà surchargés des attributions les plus variées ; si on accroît encore leur compétence, comment pourront-ils suffire à leur tâche ? Au moins faudrait-il commencer par opérer la réorganisation projetée, avant de toucher à la compétence.

Puis on fait observer que la nouvelle loi sera tout ce qu'il y a de plus anti-démocratique ; l'intérêt du litige étant plus considérable, le plaideur, à qui sa fortune permettra cette dépense, ne manquera pas de se faire assister par un avocat ou un avoué, ce qui mettra dans un état d'infériorité manifeste son adversaire pauvre, obligé d'exposer lui-même sa cause ; car l'assistance judiciaire ne peut assurer à ceux à qui elle est accordée le concours d'un avoué et d'un avocat devant le tribunal de paix. Que si le malheureux fait appel, il aura encore à souffrir de cette sorte de préjugé qui résulte toujours d'une première sentence, quelles que soient les conditions dans lesquelles elle a été rendue. Faudra-t-il donc qu'il ait recours à l'un de ces agents d'affaires, qui offrent si peu de garanties et dont le nombre va se multiplier d'une façon inquiétante autour des tribunaux de paix ? On sait combien leur intervention est souvent coûteuse, pour l'ignorant qui leur confie ses intérêts.

Quant à mettre le tribunal plus à la portée des justiciables, on n'en voit pas bien l'utilité : rien n'oblige, dans la plupart des cas, les plaideurs à assister aux débats de leurs procès devant le tribunal de première instance et ils se dispensent habituellement de le faire; il n'en est pas de même en justice de paix. S'ils se déplacent pour se mettre en rapport avec leurs conseils, le feront-ils moins et se passeront-ils de leurs avis, lorsque les mêmes affaires seront soumises à la compétence du juge de paix? — Il est à craindre, au contraire, que ce ne soient leurs avocats ou leurs avoués qui se déplacent pour venir plaider au chef-lieu de canton, ce qui ne serait que plus coûteux.

Il est évident aussi que, si les affaires soumises au juge de paix sont plus nombreuses et plus importantes, l'expédition en sera retardée; elles devront subir les lenteurs d'un rôle, elles seront soumises à des mesures d'infirmation plus compliquées et plus longues, enquêtes, expertises, visites de lieux, etc.

Mais la grosse question, celle qui rend très populaire le projet de réforme des justices de paix, est celle de la réduction des frais.

On a comparé, dans la discussion du projet Labussière, au cours de la dernière législature, les frais qu'entraînerait une même affaire, suivant qu'elle serait soumise au juge de paix ou au tribunal de première instance jugeant en matière sommaire et M. Vallé a eu l'heureuse idée de faire suivre son excellent rapport sur les projets actuels d'états de frais comparatifs.

Mais les adversaires de la réforme ne manquent pas d'observer que, parmi les frais qui rendent la justice si coûteuse devant les tribunaux d'arrondissement, la plus grande partie est attribuée au Trésor et que, si l'Etat consentait à en faire l'abandon, ce qu'il ferait indirectement en transportant ces affaires devant les juges de paix, il diminuerait considérablement les dépens des affaires sommaires.

Quant aux émoluments des officiers ministériels, si, en droit, il en disparaît une partie devant le juge de paix, il faut bien reconnaître qu'en fait ils subsisteront et seront peut-être accrus au moins pour les affaires d'une certaine importance, ne fût-ce que par suite du déplacement qu'il faudra demander à ses conseils. Ils varient actuellement de 28 fr. 25 à 33 fr. 25 pour une affaire sommaire; pense-t-on qu'un avoué qui viendra plaider devant le juge de paix se contentera d'une rétribution aussi modique?

Les frais seront, en outre, accrus par suite d'un grand nombre d'appels, beaucoup de plaideurs ne voulant pas se contenter de la sentence d'un juge unique et amovible, ce qui, quelle que soit d'ailleurs son honorabilité, sera toujours pour les justiciables une cause de suspicion. M. Labussière estimait, dans un rapport pourtant favorable aux réformes, que le nombre des appels pourrait être de moitié pour les nouvelles affaires soumises aux juges de paix.

Ne vaudrait-il pas mieux se contenter de simplifier encore, dans la mesure du possible, la procédure sommaire devant les tribunaux de première instance et d'en réduire les frais par la suppression d'une partie de ceux qui reviennent à l'Etat?

Enfin on a parlé des difficultés financières que soulèverait l'adoption du projet. Outre l'augmentation des traitements des juges de paix, il faudrait compter encore avec la suppression d'un grand nombre de tribunaux d'arrondissements, et, partant, de magistrats auxquels il serait nécessaire de faire des pensions. La suppression des tribunaux entraînerait celle des avoués et des huissiers qui occupent et instrumentent dans le ressort ; elle diminuerait l'importance des études de notaires. Les restrictions apportées à la compétence de ceux qui resteraient enlèveraient de nombreuses affaires aux avoués. Autant d'expropriations totales ou partielles, dont il faudrait indemniser les victimes. M. Antoine Perrier, estimait, dans la discussion sur le projet Labussière, que la dépense imposée de ce chef à l'Etat s'élèverait à plus de trente-cinq millions.

Tels sont les principaux arguments que font valoir les partisans et les adversaires des réformes projetées. Bien qu'ils s'appliquent à l'ensemble du projet, nous avons tenu à les résumer en parlant des modifications qu'il est question d'introduire dans l'article de 1838, parce que cet article qui détermine la compétence générale du juge de paix, caractérise bien la portée de la loi nouvelle, et que c'est autour de lui que se sont produites les principales discussions, cela nous dispensera d'ailleurs d'y revenir dans la suite.

Quant à formuler une opinion personnelle sur cette importante question, nous voudrions nous en dispenser, n'osant opposer notre faible compétence à celle des hommes éminents qui ont soutenu l'un ou l'autre parti. Il parait bien difficile cependant, lorsqu'on a pesé sans parti pris, les raisons qui ont été données de part et d'autre, de ne pas se rapprocher un peu des adversaires du projet. Sans doute il y a un progrès à réaliser, il faut élargir dans certaines limites le champ d'application d'une institution dont on a pu déjà apprécier les excellents résultats ; mais il ne faut pas que cet extension aille jusqu'à la dénaturer ; on en perdrait tout le bénéfice. Tout porte à croire que, si elle dépassait certaines limites, la nouvelle compétence des juges de paix, rendrait la justice moins certaine sans la rendre moins coûteuse.

Parmi les réformes qui intéressent plus spécialement la propriété bâtie, commençons par signaler l'heureuse innovation qui consiste à avoir groupé dans une même disposition tout ce qui concerme la compétence des juges de paix en matière de louage de choses.

Aux termes des articles 10 du projet du gouvernement et 2 de celui de la commission,

« Les juges de paix connaissent sans appel jusqu'à la valeur de *trois* « *cents* francs et, à charge d'appel, à quelque valeur que la demande « puisse s'élever :

« 1° Des actions en payement des loyers ou fermages *dus en vertu de* « *tous baux de meubles ou d'immeubles;*

« 2° Des congés;

« 3° Des demandes en résiliation de baux fondées, soit sur le défaut « de paiement des loyers ou fermages, *soit sur l'insuffisance des* « *meubles garnissant la maison, ou de bestiaux et ustensiles* « *nécessaires à l'exploitation, prévue par les articles 1752 et* « *1786 du Code civil, soit enfin sur la destruction en totalité de* « *la chose louée, prévue par l'article 1722 du Code civil;*

« 4° Des expulsions de lieux ;

« 5° Des demandes en validité et *en nullité ou mainlevée* de « saisies-gageries *pratiquées en vertu des articles 819 et 820 du* « *code de procédure civile, ou de saisies-revendications portant sur* « *des meubles déplacés sans le consentement du propriétaire, dans* « *le cas prévu aux articles 2102, paragraphe premier du Code* « *civil et 819 du Code de procédure civile, à moins que, dans ce* « *dernier cas, il n'y ait contestation de la part d'un tiers ;*

« Le tout lorsque les locations verbales ou écrites n'excèdent pas « annuellement *huit cents* francs ;

. . . .

« 6° Des réparations locatives des maisons ou fermes mises par la « loi à la charge des locataires ;

« 7° Des indemnités réclamées par le locataire ou fermier pour non- « jouissance provenant du fait du propriétaire, lorsque le droit à une « indemnité n'est pas contesté ;

« 8° Des dégradations et pertes dans les cas prévus par les articles « 1732 et 1735 du code civil. »

Cet article contient d'importantes modifications aux anciens textes.

Passons sur l'addition du mot *meubles* dans le 1°, qui met fin à une controverse que la jurisprudence résolvait généralement en décidant que la compétence spéciale du juge de paix, en matière de louage de choses, ne s'appliquait qu'aux baux d'immeubles : elle ne nous intéresse que très indirectement.

Voici qui est plus important. L'article 3 de 1838 n'étendait la compétence du juge de paix, en matière de résiliation de baux, que lorsque la demande était fondée sur le défaut de paiement des loyers. Le nouveau texte assimile à ce cas ceux où la résiliation est demandée pour cause *d'insuffisance des meubles garnissant la maison, ou de bestiaux et ustensiles nécessaires à l'exploitation, et de destruction en totalité de la chose louée.*

Cette modification, qui figurait déjà dans le projet Labussière, a été vivement combattue devant la Chambre des députés, notamment par M. Royer, de l'Aube, qui a fait observer que, s'il était toujours facile pour le juge de constater le défaut de paiement des loyers, l'appréciation des causes de résiliation qu'on voulait assimiler à celle-là soulevait au contraire des questions fort délicates, qu'il était peut-être dangereux de soumettre au juge de paix ; qu'il pourrait avoir à trancher des points de droit, à statuer sur des exceptions. Il faudrait qu'il décide combien d'années de loyers, par exemple, doit représenter la valeur du mobilier garnissant ; qu'il estime la quantité d'ustensiles nécessaires à une exploitation ; qu'il apprécie si une destruction doit être considérée comme totale ou partielle. On objecte qu'en se prononçant sur l'exception du locataire, qui prétendra que la destruction provient d'un cas fortuit ou du fait d'un tiers, il préjugera une question de responsabilité dont l'intérêt peut dépasser de beaucoup les limites de sa compétence. Pourquoi, dit-on, si on rend illimitée la compétence du juge de paix dans ces trois hypothèses, ne pas décider de même dans les autres cas de résiliation que prévoit l'article 1766 du code civil, abandon de la culture, inexécution des clauses du bail, emploi de la chose à un autre usage que celui auquel elle était destinée, etc., qui n'entraînent pas des constatations plus difficiles ?

Quoi qu'il en soit, ces objections n'ont pas arrêté l'auteur du rapport sur les nouveaux projets, qui fait observer, avec raison d'ailleurs, que le juge de paix étant déjà compétent pour les expulsions de lieux, il a à examiner au moins la question de l'insuffisance des meubles garnissants et qu'il n'y a rien d'excessif à lui permettre, une fois cette constatation faite, de prononcer la résiliation du bail, en même temps que l'expulsion du locataire.

Dans le paragraphe 5, qui attribue compétence au juge de paix sur les demandes en validité de saisies-gageries, on a assimilé avec raison aux précédentes les demandes en *nullité ou en mainlevée* de saisies-gageries, dont l'ancien texte ne parlait pas, ainsi que les demandes en validité et en nullité ou mainlevée de saisies-revendications, entre les mains du tiers receleur des meubles détournés par le locataire; cette saisie est, en effet, le complément et comme la sanction de la précédente; toutefois, il s'était élevé sur la question de compétence, en matière de saisies-revendications, une controverse que la nouvelle rédaction tranche heureusement.

Nos législateurs ont peut-être été moins bien inspirés en décidant que l'extension de compétence, dans les différents cas que nous venons d'énumérer, aurait lieu, non plus lorsque les locations verbales ou écrites n'excèderaient pas quatre cents francs, ainsi que le prescrivait l'ancien texte, mais bien lorsqu'elles ne dépasseraient pas *huit cents francs*.

On sait que la loi de 1838 n'avait fixé le chiffre de 400 francs que pour la ville de Paris, et que, partout ailleurs, le maximum était de 200 francs. Ce n'est que par des lois de 1854 et 1855 qu'il a été porté à 400 francs, d'abord, pour quelques grandes villes, puis, pour toute la France. Nous sommes incontestablement d'avis qu'il faut, antant que possible, permettre aux parties de faire trancher sur place, et avec le moins de frais possible, ces questions de location dont les dépens dépassent si souvent l'intérêt, lorsqu'il ne s'agit que d'un terme ou deux de loyers et de logements de peu d'importance; mais il ne faut pas se dissimuler non plus que, pour un loyer de 800 francs, lorsqu'on a laissé s'accumuler un certain nombre de termes, les intérêts en jeu commencent à prendre de l'importance; que ces loyers supposent parfois déjà certaines installations commerciales ou industrielles, ou des exploitations agricoles qu'il n'est pas indifférent de faire cesser inconsidérément; et nous nous demandons si l'élévation du prix des loyers depuis 1838 et 1855 a été réellement si considérable, qu'elle ait rendu nécessaire la fixation de notre maximum au double de ce qu'il était à ces époques.

On pourrait, du reste, reproduire sur ce point une partie des arguments qu'on a fait valoir de part et d'autre sur la question de la compétence générale et sur lesquels nous nous dispensons de revenir.

On a rapproché des demandes précédentes, pour les soumettre à la compétence indéterminée du juge de paix, les demandes en indemnités pour non-jouissance et pour les dégradations et pertes dans les cas prévus par les art. 1732 et 1735 du Code civil. L'alinéa de l'ancien art. 4, qui, dans ce dernier cas, faisait une exception pour les pertes causées par incendie ou inondation, a disparu.

Il n'y avait pas de raison pour limiter à 1,500 francs la compétence en premier ressort dans les hypothèses dont il s'agit, alors qu'elle était indéterminée dans les précédentes.

Il est à remarquer aussi que, dans ces deux cas, de même que dans celui de réparations locatives, la compétence spéciale du juge de paix s'applique quel que soit le prix du loyer ; ce prix ne peut avoir, en effet, qu'un rapport très indirect avec le taux de la demande.

Lorsqu'un propriétaire se trouve dans la nécessité de recourir à des voies d'exécution forcée pour assurer le paiement de ses loyers ou l'accomplissement des clauses du bail, il est de son intérêt de pouvoir user de moyens aussi simples et économiques que possible, et c'est aussi l'intérêt du locataire, qui sera tenu de rembourser les frais avancés par le bailleur. Il faut, de même, qu'il n'en coûte pas trop au preneur pour résister, s'il y a lieu, aux poursuites du propriétaire.

C'est de cette idée que s'était inspiré le législateur de 1838, pour charger le juge de paix d'autoriser les saisies-gageries sans commandements préalables et de statuer sur les demandes en validité de ces saisies, dans les limites de sa compétence.

Ces dispositions sont reproduites dans nos projets. On a même vu que la saisie-revendication en vertu de l'art. 819 du Code de procédure avait été assimilée à la saisie-gagerie et les demandes en nullité ou mainlevée aux demandes en validité. Nos réformateurs vont plus loin et font bénéficier des mêmes avantages la *saisie-foraine* et la *saisie-arrêt ou opposition, la demande en déclaration affirmative* et *les actions en validité et en nullité d'offres réelles.* Il est fait exception, toutefois, pour celles de ces actions qui concernent l'administration de l'enregistrement et celle des contributions indirectes.

Ces modifications méritent d'être approuvées. Il n'était pas logique notamment que le juge de paix pût statuer sur la valeur d'offres qui étaient invoquées sous forme d'exception, par exemple dans une demande en résiliation pour défaut de paiement des loyers, et qu'il ne pût statuer sur une demande en validité d'offres introduite directement devant lui.

Il était désastreux, qu'à propos d'une même opposition, on fût obligé d'introduire deux instances devant des juridictions différentes : l'une, devant le juge de paix, pour faire condamner son débiteur à payer la somme due, et l'autre, devant le tribunal de première instance, pour faire valider l'opposition.

Le plus grave reproche qu'on fasse à cette solution est de déroger au principe qui interdisait aux juges de paix, juges d'exception, de statuer sur l'exécution de leurs décisions. Nous pensons que les avantages que l'on retirera, dans la pratique de cette innovation, suffisent à faire pardonner au législateur cette *inelegantia juris.*

Il paraît, au reste, s'en soucier assez peu ; car l'article 14 du projet de la commission autorise, en outre, le juge de paix à statuer sur les actions en payement des frais faits devant lui, et l'article 24 du projet du gouvernement dit expressément que les juges de paix connaissent *des difficultés qui peuvent s'élever sur l'exécution de leurs jugements.*

Nous avons parlé plus haut d'une controverse qui s'est élevée sur le point de savoir si, dans l'article 10 de 1838, qui charge le juge de paix d'autoriser la saisie-gagerie *toutes les fois que les causes rentreront dans sa compétence*, ces derniers mots doivent s'entendre de la compétence générale du juge de paix, telle qu'elle est fixée par l'article 1er de cette loi, ou de sa compétence spéciale en matière de louage de choses, fixée par l'article 2 où il est également parlé de la demande en validité de la saisie-gagerie.

La saisie-gagerie ne pouvant intervenir qu'en matière de louage de choses, il est probable que c'est à cette compétence spéciale que le législateur a entendu se référer.

Les nouvelles dispositions en matière de saisie-arrêt et d'offres réelles laissent place au même doute; le législateur ne pourrait-il trancher, une fois pour, toutes la difficulté, soit par un changement de rédaction, soit par une déclaration dans la discussion, qui indique nettement son intention à cet égard?

Nous regrettions, en constatant les services que rend la procédure des référés en matière d'expulsion, que, faute de pouvoir être introduite devant les juges de paix, elle ne fût pas à la portée des propropriétaires et des locataires habitant des villes où siège un tribunal de première instance.

Ce *desideratum* n'avait pas échappé aux rédacteurs des différents projets présentés au nom du gouvernement, qui demandaient que, dans les villes non pourvues de tribunaux, les juges de paix pussent statuer en référé sur les difficultés relatives à l'exécution *des titres exécutoires et des jugements*.

Bien que cette formule exclût le référé motivé seulement sur l'urgence, qui a permis à la jurisprudence de donner une si grande extension à cette procédure, cette partie du projet a toujours été et est encore repoussée par les commissions parlementaires. On hésite à donner au juge de paix le pouvoir de statuer sur l'exécution non seulement de ses propres sentences, mais encore de celles des tribunaux de première instance et des cours d'appel. On craint de le mettre en présence de questions complexes d'interprétation de conventions et de jugements, d'extinctions de dettes par novation, compensation ou paiement, sur lesquelles ses décisions, exécutoires par provision en cas d'appel, ne seraient même pas susceptibles d'opposition. Ces décisions, ajoute-t-on, bien qu'elles n'aient, en droit, qu'un caractère provisoire, préjudicieront toujours le principal.

Ces objections perdraient beaucoup de leur valeur, si l'on prenait soin de déterminer exactement les cas dans lesquels il y aurait lieu a référé devant le juge de paix ; si celui-ci franchissait les limites fixées par la loi, sa décision serait réformée en appel.

D'ailleurs, on se demande quel inconvénient il pourrait y avoir à permettre au juge de paix de statuer provisoirement sur un certain nombre de questions sur lesquelles il serait compétent pour rendre un jugement définitif et parfois en dernier ressort.

Nous voudrions toutefois que l'appel des ordonnances du juge de paix statuant en référé fût porté devant les cours d'appel, au moins lorsqu'il s'agit de l'exécution d'arrêts de ces cours, afin que le dernier mot n'appartint pas au tribunal, ce qui constituerait une véritable anomalie, ainsi que le fait remarquer très judicieusement le rapport de M. Vallé.

Les questions relatives au louage de choses ne sont pas les seules qui intéressent la propriété bâtie, en matière de compétence des juges de paix.

Nous avons dit déjà, qu'aux termes de l'article 6, 3° de la loi de 1838, ils connaissaient, en premier ressort, des actions relatives aux constructions et travaux entrepris dans le voisinage des murs mitoyens, sans que leur compétence fût limitée par aucun chiffre. Cette disposition est reproduite textuellement dans les différents projets.

Mais nous trouvons dans celui du Gouvernement et dans la proposition de loi Dupuy-Dutemps le germe d'une innovation dont la portée serait considérable. Il s'agit d'attribuer compétence, en premier ressort, au juge de paix sur les *actions réelles immobilières*, jusqu'à soixante francs de revenu et sur les contestations relatives aux servitudes, lorsque ni le fonds dominant, ni le fonds servant n'ont une valeur de plus de cent-vingt francs de revenu.

M. Dupuy-Dutemps, qui avait, une première fois, proposé cette réforme par voie d'amendement au projet Labussière, aurait voulu arriver par là à donner au juge de paix *la plénitude de juridiction* dans les limites de sa compétence, au lieu qu'il n'est aujourd'hui compétent qu'exceptionnellement et sur les matières qui lui ont été expressément attribuées.

Sans nous montrer partisan d'une réforme aussi radicale, nous ne pouvons nous empêcher de regretter que, tandis qu'en matière personnelle ou en matière réelle mobilière, le juge de paix peut statuer sur des litiges d'une importance relativement considérable, les parties soient obligées de porter devant le tribunal d'arrondissement la contestation la plus minime, si elle porte sur une question de servitude ou de propriété immobilière, et de supporter des frais qui dépasseront souvent de beaucoup la valeur du bien litigieux, et nous serions heureux de voir la compétence du juge de paix embrasser les petits procès immobiliers.

Malheureusement cette innovation se heurte à de graves difficultés.

Nous passerions sur une première objection, qui consiste à représenter les procès immobiliers comme beaucoup plus complexes et exigeant des connaissances juridiques plus développées que les autres.

Si l'on s'arrêtait à cette considération, il faudrait retrancher de la compétence des juges de paix une foule de matières, comme les questions d'obligation et de libération, les actions possessoires, les actions en bornage, qui présentent des difficultés aussi ardues que toutes celles qui peuvent surgir en matière pétitoire immobilière.

La grosse difficulté est de trouver la base sur laquelle il faudrait s'appuyer pour déterminer le chiffre auquel s'arrêterait la compétence du juge de paix.

Dans le projet du Gouvernement, on s'attache au *revenu déterminé soit en rentes, soit par prix de bail.* C'est le système suivi par la loi du 11 avril 1838 pour déterminer la compétence, en dernier ressort, des tribunaux de première instance sur les procès immobiliers ; les événements en ont montré l'insuffisance : en fait, les litiges en matière immobilière sont presque toujours considérés comme indéterminés et susceptibles d'appel.

M. Dupuy-Dutemps voudrait s'en rapporter aux indications du cadastre, en multipliant par cinq le principal de la contribution foncière de l'année courante : « L'élévation sur laquelle on se base pour déterminer l'impôt foncier ne peut-elle servir aussi à fixer l'impôt des frais de justice ? »

Evidemment ce système présenterait, sur le précédent, l'avantage de simplifier les procès qui pourraient s'engager sur la compétence préalablement au débat principal, mais il ne donnerait encore que des résultats bien variables et bien incertains, en présence des indications si incomplètes et si inexactes du cadastre. Faudra-t-il donc attendre pour opérer une réforme si urgente qu'on ait procédé à cette réfection du cadastre, qui paraît être une de nos plus grandes utopies administratives ?

En tous cas il serait prudent de se contenter, en attendant, d'une demi-mesure, en n'attribuant compétence au juge de paix en matière immobilière que dans des limites assez restreintes pour que, même en présence d'évaluations insuffisantes du cadastre, il ne soit jamais appelé à statuer en dehors des limites normales de sa compétence.

*
* *

La solution que nous inspirent les circonstances, sur ce point particulier, appelle une réflexion par laquelle nous voudrions terminer cet exposé relatif à l'extension de la compétence des juges de paix.

Malgré les travaux si consciencieux et si remarquables qui ont été faits sur cette importante question, malgré la délibération dont elle a déjà fait l'objet devant la Chambre des députés, elle ne paraît pas être encore suffisamment mûre ; de toutes parts, on désire l'extension de compétence, mais on ne peut se mettre d'accord sur les limites dans lesquelles elle doit être accordée, on se heurte à des difficutés de détails, à l'organisation de nos juridictions, à l'insuffisance du personnel ; on n'a pas encore trouvé la formule à la fois rationnelle et pratique qui deviendra la loi de l'avenir. Un vaste champ reste donc ouvert aux travaux de notre Congrès, sur les côtés de la question qui se rapportent à ses études : ce sera un honneur pour lui d'avoir contribué pour sa part à la solution de cet intéressant problème.

R. DARGENT,

Docteur en Droit, Avocat à la Cour d'Appel de Paris.

15.552. — Imp. Salut Public, rue Molière, 71.

www.ingramcontent.com/pod-product-compliance
Ingram Content Group UK Ltd.
Pitfield, Milton Keynes, MK11 3LW, UK
UKHW020536180726
13839UKWH00006B/2537

9 782329 392516